Detlev Block

Haben, als hätten wir nicht

Anregungen zum Christsein

Verlag der
St.-Johannis-Druckerei
C. Schweickhardt
Lahr-Dinglingen

Geschenkbändchen Nr. 03 425

CIP-Kurztitelaufnahme der Deutschen Bibliothek

Block, Detlev:
Haben, als hätten wir nicht : Anregungen
zum Christsein / Detlev Block. –
Lahr-Dinglingen: Verlag der
St.-Johannis-Druckerei Schweickhardt, 1985.
(Geschenkbändchen; Nr. 425)
ISBN 3 501 00425 7
NE: GT

Umschlag: novo art
Gesamtherstellung:
St.-Johannis-Druckerei, 7630 Lahr
Printed in Germany 8747/1985

Inhalt

Zum Geleit

Immer wieder brauchen wir Anregungen zum Christsein. Wir erhalten sie aus verschiedenen Richtungen: aus dem Gang des eigenen Alltags, aus der Erfahrung unserer Gaben und Grenzen, durch Teilnahme am Weltgeschehen, durch das persönliche Gebetsleben und die Weiterbildung in Sachen Glauben, auch durch die Begegnung und die Gemeinschaft mit anderen, die mit uns auf dem Wege sind. Auf diese vielfältige Weise kann Gott uns entgegenkommen und an uns handeln. Dabei sind die kleinen und stillen Begebenheiten oft wichtiger und wirksamer als Sensationen und laute Schauplätze. Ein kurzes Wort, das trifft und zum Wegweiser wird, kann mehr bedeuten als eine lange kunstvolle Predigt, ein Gedicht, in dem wir uns wiederfinden, mehr als ein ganzer Roman, der uns zugemutet wird. In diesem Sinn hat Detlev Block, Pfarrer und Autor in Bad Pyrmont, und unseren Lesern aus den beiden vorangegangenen Bändchen »Keine Blätter im Wind – Orientierungen im Glauben« und »Geführt und bewahrt auf wechselnder Fahrt – Texte und Verse zum Geburtstag« bereits bekannt, hier aus seinem Schaffen weitere Glaubenszeugnisse und -überlegungen zusammengestellt, die das Christsein befruchten und bereichern können. Gott so zur Mitte und Führung des Lebens werden zu lassen, daß das Herz nicht mehr in einem letzten Sinn an den Dingen und Erscheinungsformen dieser Welt hängt, ist das Anliegen dieses Büchleins, dessen Titel das Paulusbekenntnis aus dem 1. Korintherbrief »Haben, als hätten wir nicht« aufnimmt.

Brennpunkte

Eine Ellipse hat zwei Brennpunkte. Auch das christliche Leben hat zwei Brennpunkte: den Glauben und die Liebe.

Eine Tür kann sich nur öffnen und frei schwingen, wenn sie fest in den Angeln sitzt.

Keiner kann sich vor Gott durch einen anderen vertreten lassen. Diese wunderbare Freiheit ist zugleich ein Ruf zu gewissenhafter Wahrnehmung der eigenen Verantwortlichkeit.

Auch wenn wir in einer Sache oder in einer ganzen Lebenshaltung anderer Meinung sind, wollen wir nicht in Fronten urteilen und unsere Mitmenschen abschreiben. Lehre uns, Menschen ernstzunehmen und anzunehmen, auch wenn sie anders denken und handeln als wir.

Prestige und Leistungsprinzip sind die modernen Abgötter. Das Schlimme ist, daß der Mensch meint, er müsse vor sich selbst und vor seiner Umwelt durch Arbeit und Erfolg ständig seine Existenzberechtigung nachweisen. Keiner ist davon ganz frei. Die Therapie kommt vom Evangelium her. Es schenkt Frieden und Gelassenheit, wo wir die Liebe Gottes annehmen, die unsere Existenzberechtigung ohne unser Zutun garantiert.

Daß das Leben meines Nächsten Sinn hat, daß mein Nächster selbst eine ernstzunehmende Persönlichkeit ist, das lese ich nicht an seinem Arbeitspensum und seiner Terminhetze, an der Stufenleiter seiner Karriere oder an seinen Titeln ab, sondern das erfahre ich in der Begegnung mit Jesus Christus. Die Liebe, die er investiert hat, gibt den Ausschlag.

Die große General-Antwort auf die Sehnsucht des Menschen nach Gott ist die schriftliche Nachricht, der Liebesbrief Gottes an uns, schwarz auf weiß im Neuen Testament der Heiligen Schrift nachzulesen: Gott liebte die Menschen so sehr, daß er seinen einzigen Sohn hergab. Nun wird jeder, der sich auf den Sohn Gottes verläßt, nicht zugrundegehen, sondern ewig leben.

Was hättest du dir gewünscht? fragten die Kinder. Das Märchen, das ich ihnen vorgelesen hatte, erzählte von einem armen Mann, der sich eines schönen Tages überraschend drei Dinge wünschen konnte. Aus dem Pechvogel wurde am Ende ein Glückspilz. Die Frage ging mir lange nach. Sie ist mehr als eine Kinderfrage. Sie kann ein Test sein und den Trend unseres Lebens aufdecken. Was hättest du dir gewünscht? Reichtum, Macht und Ansehen? Gesundheit, ein langes Leben und Zufriedenheit? Erfolg im Beruf, Glück in den zwischenmenschlichen Beziehungen und Freundschaft mit dem Schicksal? Wie gut, daß es jemand besser weiß als wir, was wir brauchen und womit wir leben können! Daß er unser Glück nicht abhängig macht von unseren Wünschen. Wir brauchen Ihn, nicht dies und das. Darum gibt es eigentlich nur eine Antwort auf die Wunschfrage. Die Bitte um die Dreiheit aus 1. Korinther 13: Glaube, Hoffnung, Liebe. Der Glaube gründet sich auf das, was Gott in Christus getan hat. Die Hoffnung richtet sich auf das, was Gott tun wird. Die Liebe teilt beides, indem sie es lebt, den Mitmenschen mit und ist darum die Größte unter ihnen.

Variation
zu
1. Korinther 13

Wenn ich Karriere machen würde
und mehrere dicke Bankkonten besäße,
meine Position gesichert
und nur noch zu steigern wäre,
wenn ich eine klare Vorstellung vom
Leben hätte
und ein unbestechliches Urteil
über die großen und kleinen Dinge
der Zeit,
wenn alle meine Tatkraft
und mein soziales Engagement
bewunderten,
wenn ich die hübscheste Frau,
den verläßlichsten Mann
und beste Kontakte

zu den angesehensten Kreisen hätte,
wenn ich mir alles leisten könnte
und dabei bescheiden bliebe,
wenn ich auf alles verzichten könnte
und dabei derselbe bliebe,
wenn ich mit mir und der Welt
zufrieden oder unzufrieden wäre –

und es wäre keine Liebe in mir,
Liebe von der Liebe
Jesu von Nazareth,
so wäre ich nichts.

Maßstäbe und Richtlinien

Versager haben bei uns, in unserer Gesellschaft wie in unseren persönlichen Bereichen, keine Chance. Mit gnadenloser Konsequenz werden sie vom Abgott unserer Zeit, dem Leistungsprinzip, verurteilt und haben es außerordentlich schwer, diesen Makel wieder loszuwerden. Und dies, obwohl wir mitten im sogenannten christlichen Abendland leben! Gott gibt nicht auf! Er gibt dem Versager eine echte neue Chance. Die Bibel hat viele Beispiele dafür. Haben wir diesen Gegensatz von Welt und Gott schon einmal beobachtet oder erfahren? Müßten wir nicht viel mehr zu Vermittlern Gottes werden?

Gott liebt die kleinen Schritte. Seine Methode heißt nicht: Alles auf einmal oder: Alles oder nichts, sondern: Eins nach dem anderen. Er rechnet und arbeitet barmherzig mit den Möglichkeiten und Grenzen von Menschenkraft und -zeit. Klein fängt er an mit der Veränderung der Welt: Ein Kind wird geboren, zwölf einfache Männer ziehen in die Welt, eine einzige Frau steht zuerst am Grab des Auferstandenen. Gott liebt die kleinen Schritte. Wir können von ihm lernen.

Soll Jesus die ihm verliehene Vollmacht zur Selbstentfaltung und -erhaltung verwenden? Soll er aus Steinen Brot machen und durch die alte Zauberformel »Brot und Spiele« die Menschen für sich zu gewinnen suchen? So sehr Jesus die leiblichen Bedürfnisse und Nöte des Menschen ernstgenommen und ihnen viel Zuwendung geschenkt hat, ein sozialer Messias darf und will er nicht sein! Alle Hilfen, alle Wunder, die er gibt und tut, sind ein Zeichen für das Eigentliche: Gottes Wort und Liebe. Das dürfen auch wir nicht aus den Augen verlieren.

Zeichen vom Himmel, Schauwunder, Gottesbeweise – das bringt die Menschen, die immer einen Sinn für Sensationen haben, auf die Beine. Sehen wollen wir etwas, in der Politik einen starken Mann und in der Religion einen Gottgesandten, der mit Pauken und Trompeten vom Himmel kommt! Jesus ist kein Freund solcher Mirakel. Er weiß, daß Menschen dadurch gewaltsam etwas übergestülpt bekommen und in die Irre geführt werden. Er weiß, daß das Eigentliche, von dem wir leben, weder so noch so »bewiesen« werden kann, nicht die Liebe und nicht der Glaube. Sie leben aus dem Geist der Überzeugung und des Vertrauens. Jesus lehnt die Schau ab und geht den Weg des Gehorsams.

Die Welt zu gewinnen suchen – aber nicht auf die Art und Weise, mit den Mitteln und Methoden der Welt, so sieht und entscheidet Jesus seinen Auftrag. Das bedeutet es, wenn er der Macht des Bösen seine Absage erteilt: Hebe dich weg von mir, Satan! Indem Jesus auf den Weg irdischer Macht und Gewalt verzichtet, geht er den Weg der Tiefe, entscheidet er sich bewußt für das Leiden. Seitdem haben wir ein gelebtes Beispiel und Vorbild. Seitdem können wir uns in unseren Entscheidungen daran erinnern, daß es neben dem Weg zwingender Macht noch den Weg überzeugender Freiheit gibt.

Der in Freiheit heilende und rettende Jesus auf der einen Seite und die ängstlich über religiöse Satzungen wachenden »Frommen«, die sich nicht mitfreuen können, auf der anderen Seite – so läßt sich nachvollziehen, wie der Konflikt immer spürbarer und auswegloser wird bis zum Kreuz. Ist es heute so anders? Ob wir zu unserer Zeit wohl auf der Seite des Christus sind? Oder schützen wir nicht oft genug Zucht und Ordnung vor und verschanzen uns hinter Religion und Tradition, hinter Gesetz und Paragraphen, wenn es – schlicht und einfach gesagt – darum gehen müßte, zu spontanen menschlichen Begegnungen zu kommen und christlich (= wie Christus) zu handeln?

Nachlaufen ist noch keine Nachfolge.

Brot und Fisch fallen nicht vom Himmel, sondern gehen durch die Hände Jesu, die genug geben für alle. Gott will, daß Menschen einander helfen und versorgen, aus nichts etwas und aus wenig mehr machen. Entscheidend aber ist, daß in, mit und unter dem menschlichen Handeln Gottes Liebe selber am Werk ist.

Eine Frau, die eine kleine Rente bezieht, bringt durch äußerste Sparsamkeit regelmäßig einen großen Geldschein für die Aktion BROT FÜR DIE WELT auf, der jeden Normal-Verdiener beschämen würde. Sie tut es aus Dankbarkeit für Gott und nennt es bescheiden »Vom Überfluß des Segens«. Sie weiß sich auch im Wenigen gut versorgt und macht aus dem Wenig ein Viel, indem sie teilt und weggibt.

Die Dinge des Lebens, so gut und schön sie sein mögen, können uns und den Unsrigen doch nur zum Segen werden, wenn sie eine dienende Funktion haben, wenn Gott im Mittelpunkt bleibt und allem seinen angemessenen Ort zuweist. Ein Mensch ohne diese Beziehung zu Gott wird auf die Dauer eindimensional und langweilig, ihm fehlt das innere Licht, Atem und Ausstrahlung, es läßt sich mit ihm nicht echt und lebendig leben.

Alles Leben vollzieht sich angesichts der Botschaft von Gottes Zukunft im Bereich des Vorläufigen. Es mag dabei eine Rolle spielen, ob wir noch jung oder schon älter sind, gesund oder krank, ob wir uns der Grenze des Lebens näher oder ferner fühlen, im Grunde aber gehört die Empfehlung des Apostels Paulus »Haben, als hätten wir nicht« als ethische Richtschnur in unser aller Alltag, wenn er sich christlich bewähren und menschlich gelingen will.

Bitte

Der du viele Namen hast,
öffne mir den einen,
der zu meinem Namen paßt
und zu all dem Seinen.

Du, der viele Wege führt,
führe mich den meinen,
wie er dir und mir gebührt.
Sonst begehr ich keinen.

Der du viele Hände willst
für den Dienst der Deinen
und mit einem Auftrag füllst,
Herr, nimm auch die meinen.

Dem Geheimnis vertrauen

Alle Erklärungen tappen im Dunkeln. Nur wer dem Geheimnis vertraut, findet Weg über Weg.

Die Ehrfurcht vor dem Natürlichen wächst, es bekommt mehr und mehr den Rang des Wunderbaren. Du beobachtest jetzt manchmal im Garten, wie du eine Handvoll Erde aufnimmst, an ihr riechst und sie mit Inspiration wieder zurücklegst: Erde zu Erde. Fast so etwas wie Andacht ist mit im Spiel, wenn du eine Birke betrachtest, überhaupt einen Baum, dessen Geheimnis dir immer geheimnisvoller wird.

Luft zum Atmen, schmerzfreie Lunge und ruhig schlagendes Herz – die Welt ist voller Wunder, die du langsam, langsam, allmählich, allmählich erkennst. Eines Tages ißt du dein Brot mit sehenden Augen.

Niemand weiß, welche Stunde ihm welches Geschick beschert. Niemand kann mit letzter Sicherheit sagen, ob das, was er ersehnt, auch wirklich ein Glück für ihn ist und ob das, was er befürchtet, auch wirklich ein Unglück für ihn ist. Vor Gott kann Gewinn zum Verlust und Verlust zum Gewinn werden.

Wir leben mitten im Geheimnis. Nicht immer ist es uns bewußt, aber schon ein paar Fragen machen uns aufmerksam darauf. Wozu lebe ich? Warum lebe ich in dieser Zeit, in dieser Umwelt, mit diesem Ich und dieser Lebensgeschichte? Warum sind die Freuden und Leiden in meinem Dasein gerade so verteilt? Was kann ich glauben, was soll ich tun, was darf ich hoffen? Wann werde ich einmal sterben? Wohin entsinkt mein Leben? Dieses Fragenbündel, beliebig aufzufüllen, kennzeichnet das Geheimnis um Leben und Tod. Hinter diesem Geheimnis steht die große Macht des Guten, die wir Gott nennen und die für uns in besonderer Weise in Jesus von Nazareth sichtbar und greifbar geworden ist.

Wir müssen uns die Augen dafür öffnen lassen, daß nichts auf dieser Welt selbstverständlich ist und von sich aus besteht, sondern daß Gottes Wunder täglich und stündlich in unserem Leben wirken und walten.

Vertrauen öffnet Türen. Türen von Mensch zu Mensch. Türen zu neuen Zeit- und Lebensräumen. Türen nach innen, auch Türen, die in das Geheimnis Gottes führen.

Sanctus

Zu singen nach EKG 96:
Jesus Christus herrscht als König

Heilig bist du, Unsichtbarer,
Vater, Schöpfer und Bewahrer.
Heilig bist du, Gott der Sohn.
Heilig bist du, Geist der Geister,
aller Mächte Macht und Meister.
Dreimal heilig ist dein Thron.

Deine Herrlichkeit durchdringe
alle Welt und alle Dinge
und das Chaos, das noch tobt.
Gottes Ferne wird zur Nähe.
Hosianna in der Höhe!
Der da kommt, sei hochgelobt.

Dein Wille geschehe!

Die Macht des Bösen, symbolisiert durch den Teufel, tritt auf mit sympathischen Argumenten, die etwas Anlockendes und Einleuchtendes haben. Das Böse bietet sich auf menschliche Weise an, die einem helfen und nützen möchte. Das biblische Schulbeispiel dafür ist jene Szene, in der Jesus seinen Leidensweg ankündigt und Petrus ihn beschwört: Herr, schone dich; das widerfahre dir nur nicht! Das ist menschlich verständlich und sympathisch. Wer wollte schon zusehen, wenn ein verehrter, geliebter Mensch den Weg des Leides geht! Unser Herz ist also ganz auf der Seite des Petrus. Er äußert in der besten Absicht das, was auch wir gedacht und gesagt hätten. Und doch erwidert Jesus –

für unsere Ohren hart: Hebe dich, Satan, von mir! Denn du meinst nicht, was göttlich, sondern was menschlich ist. Hinter der Maske der Menschlichkeit entlarvt Jesus die Macht des Widergöttlichen. So realistisch sieht das Neue Testament die Gefahr des Bösen.

Das Böse ist in der Bibel gekennzeichnet als die Macht, die uns vom Willen Gottes abbringt. Diese Macht kämpft manchmal mit offenem Visier und zeigt erschütternde Beispiele ihrer Zerstörung. Oft aber gibt sie sich als gut und nützlich aus und kommt unserem eigenen Willen sehr entgegen. Es ist deshalb notwendig, daß wir in einer bestimmten Entscheidungssituation die Richtung gewahr werden, in die wir nach Gottes Willen gehen sollen. Nachdenken, Gebet und Gespräch können uns dabei helfen, vor allem die Vergegenwärtigung des Verhaltens Jesu.

Die Bibel sagt nicht: Legt all diese irdischen Dinge beiseite, betrachtet sie als zweit- oder drittrangig, aber sie sagt: Geht mit ihnen so um, wie es dem kommenden Reich Gottes entspricht! Laßt euch nicht in einem letzten Sinn von menschlicher Liebe und irdischen Beschäftigungen einfangen und festbinden, sondern werdet frei für Gott und sein Reich, dann könnt ihr den richtigen Maßstab für eure Ehe, für euer Leid und eure Freude, für all euer Planen und Tun gewinnen.

Nur wer sich Gott im Sinne Jesu Christi öffnet, wird frei von Welt- und Menschenvergötterung, und das wird seiner Beziehung zu Mitmensch und Umwelt nur guttun.

Herr, laß uns unsere Mitmenschen, die du uns anvertraut hast, lieben und ehren, aber laß uns nicht unser Herz an sie hängen!
Herr, laß uns unser eigenes Leben mit seinem Glück und Leid ernstnehmen und annehmen, aber gib, daß wir nicht unser Glück vergöttern oder uns in unserem Leid vergraben!
Herr, laß uns die Gaben und Güter dieser Welt gebrauchen und nutzen, aber laß uns nicht meinen, in ihrer Sammlung und Anhäufung bestehe das Heil des Lebens!
Wir möchten dich über alle Dinge lieben. Mach uns zu Christen des ersten Gebotes und laß uns haben, als hätten wir nicht. Amen.

Habe Glauben

Habe Glauben an den Weg,
den der gute Hirt dich leitet.
Ob er sich in lichtem Tal
zu der grünen Aue weitet
oder steil und abgrundschräg
Einsamkeit und Dürrequal
heiß und schmerzend um dich breitet.

Habe Glauben an den Sinn
des Erlebens. Bitte täglich
um den einen Trost der Schrift:
Nicht des Weges Froh und Kläglich
gibt und nimmt dir den Gewinn –
der dich in dem allen trifft,
Gottes Ruf erlöst unsäglich.

Miteinander füreinander

Ein Mensch, den sein Glaube hält und trägt, der sich für die Sache Gottes immer neu öffnet, wird sensibel bleiben auch für die seelischen Bedürfnisse seines Nächsten.

Liebe, Harmonie, Sympathie, was wir hier auch einfügen möchten, können wir nicht machen und managen. Wir können auch einen Menschen nicht mit der Gewalt unserer Liebe binden und halten. Aber wir können versuchen, verantwortlich und barmherzig miteinander umzugehen. An dieser Art zu leben kann sich dann immer wieder das Wunder entzünden, das wir Liebe nennen.

Es gibt Dinge im Leben, die wir erst durch den praktischen Vollzug kennenlernen. Wir erfahren erst etwas vom Geheimnis der Liebe, wenn wir selber im Experiment stehen.

Zu einem guten Miteinander gehören Warten- und Abwartenkönnen. Liebe wächst und reift in der Zugewandtheit und Harmonie, aber auch in der Distanz und Enttäuschung, im Auf und Ab der Lebenskurve. Manchmal sind es gerade die Fragezeichen, die Schwachstellen und Schwierigkeiten, die Menschen miteinander verbinden.

Höhepunkte, an denen der Himmel voller Geigen hängt, sind glückliche Augenblikke, die uns geschenkt werden, aber im normalen Alltag der Ehe leben wir von der Geduld, die wir füreinander aufbringen.

Wirkliche Liebe ist nicht nur Bindung an eine einzige Person, sondern eine Lebenshaltung, die auch für andere Menschen aufgeschlossen ist. Liebe als Egoismus zu zweit ist das Gegenteil von einem christlichen Miteinander und Füreinander.

Jeder Tag, an dem wir aufwachen und aufstehen, unserer Arbeit nachgehen und mit unseren Lieben zusammen sind, ist ein Zeichen dafür, daß Gott neu mit uns anfängt. Wenn wir uns das bewußt machen, kann uns daraus die Kraft und Freude erwachsen, auch mit unserem Mitmenschen nach einem Tiefpunkt oder einer Enttäuschung neu anzufangen.

Zu zweit

Wir beide meinen uns zu kennen.
Mit einem Mal ist alles fremd.
So viele Worte, die uns trennen,
und so viel Fragen, was da hemmt.

Ob meinet- oder deinetwegen,
wir können einfach nicht dafür.
Es bleibt des Rätsels Unvermögen,
wir stehen draußen vor der Tür.

Es gibt nur Einen, dessen Worte
die Fremdheit lösen und den Bann.
Es gibt nur Einen, der die Pforte
zum Eigentlichen öffnen kann.

An die Welt gewiesen

Viele Menschen sorgen sich heute um den Frieden in der Welt, engagieren sich im Prozeß der Bewußtseinsbildung und versuchen Zeichen dafür zu setzen – Christen auch, sie vielleicht in besonderer Weise. Aber sie setzen nicht zu hochfliegende Erwartungen in diese oder jene Art von Friedensbewegung und lassen sich auf der anderen Seite auch nicht zu nervösen Schwarzsehereien und Angstmachereien hinreißen. Denn sie wissen: Die Sache des Friedens steht letztlich in den Händen eines Höheren.

Paulus würde sagen: Ich habe gelernt, für den Frieden einzutreten und zu arbeiten, aber zugleich den Frieden immer wieder als ein Geschenk von Gott her zu erbitten. Ich kann meine ganze Kraft für den Frieden einsetzen und andere zu überzeugen und zu gewinnen suchen, ich kann aber auch ertragen, daß menschliches Bemühen oft nur wenig und manchmal nichts auszurichten vermag. Ich kann alles ertragen, weil Christus mir die Kraft dazu gibt.

Die Spannung zwischen dem Einsatz und der Erfolglosigkeit, zwischen Wollen und Versagen, zwischen dem, was die Welt sein sollte und könnte, und dem, was sie tatsächlich ist, auszuhalten, das ist eine Kunst, die wir auf die Dauer nicht allein aus eigener Kraft beherrschen, ohne dabei zu resignieren. Vielleicht ist das die eigentliche Bestimmung des christlichen Glaubens: wohl an der Veränderung der Welt mitzuarbeiten, im Sinne des Geistes der Versöhnung, aber zugleich Trost und Kraft zu vermitteln, das Leben auszuhalten, wie es ist.

Wir sollten weder voreilig an selbstgemachte Hoffnungen unser Herz hängen noch einem Pessimismus oder einer tödlichen Teilnahmslosigkeit verfallen, sondern das Guthaben unseres Glaubens neu entdecken und in der Welt und für die Welt damit zu leben versuchen. Denn es birgt für alle Wechselfälle des Daseins eine unversiegbare Kraftquelle.

Auch die beste und dem Ideal am nächsten kommende Gesellschaftsordnung führt niemals Gottes Heilsordnung herauf oder wäre mit dieser gleichzusetzen. Ordnungen wandeln sich und müssen sich wandeln, weil die Vorstellungen von einem lebenswerten Leben in Freiheit und Gerechtigkeit sich wandeln.

Es gibt kein christliches Parteiprogramm. Aber es gibt christlich motivierte Überlegungen zum Thema Politik.

Politik als Handeln, das zur Leitung des Staates nach innen und außen gehört, ist Dienst am anvertrauten Leben. Das Bewußtsein von der Verantworung vor Gott erhellt diesen dienenden Charakter der Politik und bewahrt einerseits vor einer Unterschätzung und andererseits vor einer Überschätzung der Politik.

Sätze wie »Ich halte mich da raus« oder »Laß die da oben man machen« sind unchristliche Sätze, weil sie das Interesse an der verantwortlichen Mitgestaltung der Welt aufgeben. In Jesu Antwort auf die Steuerfrage heißt es immerhin: »Gebt dem Kaiser, was des Kaisers ist.« Das könnte für uns heute so viel heißen wie: Nehmt eure Verantwortung wahr und tut eure staatsbürgerliche Pflicht!

Fürbittenlied Nachdichtung zu EKL 394

Herr, höre, Herr, erhöre
und breite deine Ehre
an allen Orten aus.
Behüte alle Stände
durch deiner Allmacht Hände,
schütz Kirche, Staat und unser Haus.

Laß alle, die regieren,
ihr Amt in Treue führen,
mach ihr Bemühen echt.
Vollbringe mit uns Taten
und laß den Dienst geraten
für Frieden, Freiheit und für Recht.

Verleihe Frucht und Blüte
und segne und behüte
Natur und Jahreslauf.
Dem, was zerstört, zu wehren,
die Hungernden zu nähren,
weck uns zu deinen Helfern auf.

Von Krankheit und Leid

Manche Krankheit läßt sich nicht heilen, höchstens mit den Mitteln der Medizin eingrenzen und mildern, so daß der Betroffene damit leben muß. Es kommt darauf an, wie und aus welchen Kräften er es tut, ob er bei allen Belastungen, die damit zusammenhängen, aus dem Glauben heraus einen gangbaren Weg für sich findet. Der innere Mensch spielt gerade bei der Bewältigung von Krankheit eine wichtige Rolle.

Aber es gibt – Gott sei Dank! – auch Heilung. Jede Krankheit, die wir überstanden haben, ist ein Beweis dafür. Die Kunst der Ärzte hat in unserer Zeit beachtliche Fortschritte erzielt, und wo wieder etwas »heil« wird, entweder nach einem längeren Prozeß des Genesens oder in Form einer plötzlichen Wende, da ist nach unserem christlichen Glauben allemal der gnädige und gute Wille des Schöpfers am Werk.

Ärzte und Wissenschaft, Heilmittel und Heilmethoden können das Heilungsgeschehen nur begleiten und bestärken, aber nicht von sich aus verfügen.

Es ist Tatsache, daß es Heilungsprozesse an Leib und Seele gab und gibt. »Wunder« machen nur etwas besonders deutlich, was auch im »normalen« Ablauf des menschlichen Lebens gilt: Leib und Seele stehen in Gottes Hand und können, wenn er es will, die Gnade der Neuwerdung erleben.

Der Apostel Paulus litt, wie wir aus dem Neuen Testament wissen, an einer Krankheit, die ihm das Leben und die missionarische Arbeit erschwerte. Er bat wiederholt im intensiven Gebet um Heilung. Gott erfüllte ihm seine Bitte nicht, aber er gab ihm eine hilfreiche Antwort: Laß dir an meiner Gnade genügen; denn meine Kraft ist in den Schwachen mächtig. Es gibt Hilfe und Trost, Kraft und Ermutigung auch in bleibender Krankheit. Paulus ist das biblische Schulbeispiel dafür.

Hinter den Kulissen des Wohlstands und der Humanisierung der Gesetze spielt sich manche Einsamkeitstragödie ab, nicht nur unter altgewordenen Menschen, die den Kontakt zur Umwelt verloren haben. Plötzlich schrecken wir auf, wenn sich ein junger Mensch, scheinbar von Freunden und Freuden umgeben, das Leben nimmt – aus Enttäuschung, aus Liebeskummer, aus Versagen, aus Ekel, aus Verlassenheit. Wir selber kennen einsame Stunden, in denen wir an der Welt oder an uns selbst verzweifeln, in denen wir uns ohne Halt und Sinn, ohne Erfüllung und Freude vorkommen. Dann ist das auch unsere eigene Stimme und Klage: Herr, ich habe keinen Menschen!

In dem Augenblick, in dem der Gelähmte Jesus sein Geschick erzählt, ist er bereits nicht mehr einsam. Er hat ein Gegenüber, ein zuhörendes Du gefunden, einen Menschen, nach dem er sich gesehnt hat. Jesus ist der Mensch, der menschliche Mensch und Gesprächspartner, wie Gott ihn sich vorstellt; auch darin ist er der Sohn Gottes. Er hört zu. Er fragt. Er nimmt sein Gegenüber an. Er erlöst ihn aus seiner Einsamkeit und Verlassenheit – und dadurch bereits aus der Ursache seines eigentlichen Leidens.

Jesus fragt den Kranken nicht: Soll ich dich gesund machen? sondern er fragt: Willst *du* gesund werden? Damit appelliert er an die eigenen seelischen Kräfte des Mannes, ohne die eine Neuwerdung nicht möglich ist. Gott ist kein Zauberer, der auf magische Weise über unser Leben verfügt, sondern ein lebendiger Schöpfer, der unsere Sinne und Gedanken, unser leiblich-seelisches Miteinander braucht, anspricht und motiviert, ja beteiligt, wenn er Heilung vollzieht und wachsen läßt, wenn er Menschen aus der Einsamkeit herausruft.

Wer kann in einen Menschen hineinsehen? Nicht einmal die nächsten Angehörigen und Freunde vermögen es. Wahrscheinlich hat jeder Mensch, wenn wir ehrlich sind, irgendwann einmal Freitodgedanken, zumindest kann der Gedanke, daß das Leben einmal vorbei ist, in Zeiten der Krise wohltun. Hermann Hesse sagt: »Wir leben alle heute am Rand der Verzweiflung und sind damit zwischen Gott und das Nichts gestellt, zwischen ihnen atmen wir aus und ein, schwingen und pendeln wir. Wir hätten jeden Tag Lust, das Leben hinzuwerfen, und werden doch von dem gehalten, was in uns überpersönlich und überzeitlich ist.«

Wie leben wir? Wie gehen wir mit unserem Mitmenschen um, mit seinen Ängsten und Hoffnungen? Wie kommt es, daß es gerade heute so viel Enttäuschung und Einsamkeit gibt, so viel Lebensüberdruß und Todessehnsucht? Sollte es uns nicht nachdenklich stimmen: Zeiten der Anspannung und der materiellen Not sind weit weniger selbstmordanfällig als Zeiten des Überflusses und der Sinnentleerung! Wohlhabende Menschen, so sagt die Statistik, nehmen sich in sehr viel größerer Zahl das Leben als Arme. Wir haben alles oder doch fast alles und können uns viel leisten – und sind doch innerlich oft so leer und ohne Mitte.

Dem Mann Elia, der am Boden liegt, hilft jetzt kein schönes Wort, kein Bibelspruch. Er schläft gründlich aus. Er muß essen und trinken. Das Brot ist da und der Krug mit Wasser und der lange, tiefe Schlaf. Brot und Wasserkrug sind einfache, alltägliche Dinge. Sie symbolisieren das Natürliche, Welthafte der Hilfe Gottes. Allerdings gewinnen sie inmitten der Wüste und in dieser verzweifelten Situation des Elia die Qualität eines Wunders. Sind es nicht oft die kleinen Dinge, ein ruhiger Schlaf, ein erfrischender Trunk, eine schlichte, bekömmliche Mahlzeit, die uns, wenn die Stunde da ist, die Augen öffnen für das Besondere und Wunderbare, mit dem Gott uns erquicken und aufrichten will?

Gebet in schweren Tagen

Nach Psalm 56

Gott, sei mir gnädig,
denn ich will ermatten
und suche Zuflucht unter deinem Schatten.
Wie kann das Leben lähmen
und beschweren und wie verzehren!

Wenn ich mich fürchte,
will ich auf dich hoffen.
Herr, halt mein Herz für deine Hilfe offen.
Nimm meine Sache ganz in deine Hände,
bring du die Wende.

In deinen Krug, Herr,
sammle meine Tränen.
Du zählst sie täglich
und erhörst mein Sehnen.
Was können nun die Ängste
noch erreichen! Sie müssen weichen.

Dennoch Trost

Jeder von uns schleppt seine bewölkten Stunden in sich mit, die Wunden und Lasten, die sich nicht von heute auf morgen heilen und abtun lassen. Und wir wissen aus Erfahrung, daß auch Leid und Dunkel an uns arbeiten, manchmal sogar wirksamer und zielstrebiger als Glück und Erfolg, so daß wir manche unserer bewölkten Stunden in einem tieferen Sinn gar nicht missen möchten.

Dies können wir wohl von der Sonnenuhr, die nur die heiteren Stunden zählt, lernen: die glücklichen Sonnenstunden unseres Lebens stärker zu akzentuieren und höher zu bewerten als die Stunden, die uns Anlaß geben, zu klagen und anzuklagen. Kann nicht schon ein einziger herrlicher Sonnentag im Frühling uns versöhnen mit einer ganzen Reihe von kühlen Regentagen? Sollte es in unserem Lebensalltag anders sein?

Auch schmerzliche Ereignisse können uns zum Wegweiser werden. Ein Geschehen etwa, das bestimmte Pläne und Wünsche zunichtemacht und uns in eine andere Richtung denken und handeln läßt, das uns unüberhörbar lehrt, unsere Grenzen einzuhalten und dabei das Wesentliche vom Unwesentlichen zu unterscheiden.

Menschliches Leben geht nie ohne Fehler und Irrwege ab. Gläubig heißt nicht: weniger Fehler und weniger Irrwege machen und damit einen höheren Grad moralischer Vervollkommnung als die »Ungläubigen« erreichen. Gläubig heißt vielmehr: sein Leben einschließlich der Fehler und Irrwege mit Christus zu leben und von ihm täglich Vergebung und neuen Mut zu empfangen. Daraus *kann* ein Leben mit weniger Fehlern und Irrwegen erwachsen.

Der Wert des Daseins läßt sich nicht aus dem Glücksbefinden errechnen, weder positiv noch negativ. Er wird aus anderer Richtung gesetzt. Gott hat ihn gesetzt.

Was wäre der größte Wurf! Bliebe nicht auch er letztlich Fragment? Und steckt nicht in der Begrenzung die beglückende Chance, ein Stück vom großen Ganzen widerzuspiegeln, so wie der Himmel in einer unscheinbaren Regenpfütze steht?

Wenn wir an der Welt verzweifeln, wollen wir daran denken, daß Er über diese Erde gegangen ist und sie geliebt hat.

Psalmlied

Nach Psalm 69
Zu singen nach EKG 195: Aus tiefer Not

Gott, deine Hilfe schütze mich
um deines Namens willen!
Sei nahe und erhebe dich,
den Sturm mit Macht zu stillen,
daß mich die Tiefe nicht verschlingt
und mich das Wasser wiederbringt
auf festen Grund und Boden.

So will ich dich mit meinem Lied
und meinem Lobpreis ehren,
daß es der Arme hört und sieht,
den Angst und Leid verzehren:
Du hältst den Preisgegebnen fest,
nimmst ihn in deinen Schutz und läßt
das Herz ihm wieder leben.

Österliche Existenz

Die Gestalten der Ostergeschichte sind keine Helden, sondern Menschen wie wir. Sie haben Angst. Wie wird es mit der kleinen Gruppe der Jünger weitergehen? Droht ihr ein ähnliches Schicksal wie Jesus? Sie haben aus Furcht die Türen verschlossen. Ostern beginnt nicht mit religiöser Hochstimmung, sondern angesichts einer ausweglosen Situation im Mauseloch. Wovor haben wir Angst? Wovor verschließen wir unsere Türen? Welches sind unsere Ausweglosigkeiten? Haben wir auch Furcht vor bestimmten Menschen? Sind wir niedergeschlagen über unser eigenes Versagen, haben wir den Glauben an die Macht Gottes verloren? Wisse: keine Lage ist so ausweglos, daß der Auferstandene nicht in sie eintreten könnte.

Der Auferstandene ist kein Geheimwesen zwischen Himmel und Erde, kein religiöser Supermann aus dem Jenseits. Er ist Jesus von Nazareth, der in dieser Welt gelebt, gewirkt und gelitten hat. Seine Erkennungszeichen sind die durchbohrten Hände und die verwundete Seite. Er weiß, was Leben in dieser Welt bedeutet, er hat es am eigenen Leib vollzogen. Er hat den Weg des Leidens und Sterbens auf sich genommen, unter Zittern und Zagen, und darum als einer von uns. Er hat den Weg für uns gebahnt im Vertrauen und in der Liebe und bis in das finstere Tal des Todes hinein und durch es hindurch.

Froh werden, das heißt frei ein- und ausatmen können, weil Christus die Macht des Todes besiegt hat. Wir können es erleben am Grab eines Angehörigen, in der Bewältigung einer Krankheit, im Durchstehen einer Auseinandersetzung, im Gebet, beim Hören einer geistlichen Musik und auf mancherlei überraschende Weise. Sind wir froh – in diesem Sinn? Oder sind wir es nur, weil es uns gut geht und das Leben zur Zeit nach unseren Wünschen verläuft?

Ostern hat Konsequenzen. Wen die Osterfreude ergreift, der lebt davon, auch im Umgang mit anderen Menschen. Er bezeugt im Privatleben, im Beruf wie in der Öffentlichkeit durch sachliches Denken, mutiges Auftreten und persönliche Vergebungsbereitschaft seinen Herrn.

Wie behandeln wir in unseren Gemeinden und Kreisen Fragensteller und Zweifler? Oder wagen sie sich gar nicht mehr in unsere Nähe? Österliche Menschen brauchen keine Angst zu haben vor Frage und Zweifel, Kritik und Unglauben, sie können frei Rede und Antwort stehen. Alles weitere freilich muß dem Herrn selbst überlassen werden. Nur er allein kann die Zweifel des Thomas heilen.

Diese Welt und Schöpfung mit all ihren Lebensäußerungen und Gepflogenheiten geht vorüber, etwas Größeres und Herrlicheres ist im Anbruch: die kommende Welt Gottes, wie sie im Leben und Wirken, im Sterben und Auferstehen Jesu Christi für den Glauben sichtbar geworden ist. Es gilt, sich für diese nahe und neue Zukunft zu öffnen.

Tröstung

Unterbrochener Brief
mitten im Satz.
Als dich ein andrer rief,
standest du auf vom Platz,
aber den Weitergang klar im Gesicht,
fest im Gedächtnis –
weißt du es nicht?

Angehaltenes Herz
mitten im Schlag.
Gott rief nach anderwärts,
und es verließ den Tag,
aber den Weitergang, Leben und Licht,
fest im Gedächtnis –
weißt du es nicht?